Todos los libros de Linkgua Ediciones cuentan con modelos de Inteligencia Artificial entrenados por hispanistas. Pregúntale al chat de tu libro lo que desees acerca de la obra o su autor/a.

Para **ebooks**: Accede a nuestro modelo de IA a través de este enlace.

Para **libros impresos**: Escanea el código QR de la portada con tu dispositivo móvil.

Obtén análisis detallados de nuestros libros, resúmenes, respuestas a tus preguntas y accede a nuestras ediciones críticas generativas para una experiencia de lectura más enriquecedora.
La transparencia y el respeto hacia la autoría de las fuentes utilizadas son distintivos básicos de nuestro proyecto. Por ello, las respuestas ofrecen, mediante un sistema de citas, las fuentes con las que han sido elaboradas.

Emilio Aguinaldo y Famy

Reseña verídica de la Revolución filipina

Barcelona 2024
Linkgua-ediciones.com

Créditos

Título original: Reseña verídica de la revolución filipina.

© 2024, Red ediciones S.L.

e-mail: info@red-ediciones.com

Diseño de cubierta: Michel Mallard.

ISBN rústica ilustrada: 978-84-9953-612-5.
ISBN ebook: 978-84-9897-670-0.

Sumario

Brevísima presentación

La vida

Emilio Aguinaldo y Famy (Cavite, 22 de marzo de 1869-Manila, 6 de febrero de 1964). Filipinas.

Aguinaldo nació en la provincia de Cavite, en la isla de Luzón. Fue el séptimo de ocho hijos de Carlos Aguinaldo y de Trinidad Famy, una familia de origen chino, ilustrada y de buena posición.

Emilio Aguinaldo asistió a la escuela primaria de su pueblo y en 1880 comenzó su educación secundaria en el Colegio de San Juan de Letrán; sin embargo, tras morir su padre, interrumpió sus estudios para ayudar a su madre en la administración de sus posesiones agrícolas.

En 1895, bajo el liderazgo de Andrés Bonifacio, se fundó la organización patriótica secreta Katipunan, con el objetivo de alcanzar la independencia de Filipinas. Aguinaldo ingresó en ella con el rango de teniente, y en pocos meses alcanzó el grado de general. En 1896 se inició la guerra revolucionaria, durante la cual Aguinaldo liberó su provincia; su éxito lo hizo notorio entre los revolucionarios y fue elegido presidente de la república.

Al enterarse Bonifacio de los acontecimientos, intentó impugnar la elección para asegurar su propia continuidad en el poder. En la confrontación entre los seguidores de Bonifacio (los Magdiwang) y los partidarios de Aguinaldo (los Magdalo) Bonifacio fue capturado. Tras un juicio militar, fue condenado a muerte el 10 de diciembre de 1897 por sedición, y ese mismo día fue ejecutado.

Apoyado por Estados Unidos, el ejército revolucionario proclamó la independencia de las islas el 12 de junio de 1898. Sin embargo, en el Tratado de París (1898), España cedió a los Estados Unidos sus colonias de Filipinas, Puerto Rico y Cuba y ello provocó que el 4 de febrero de 1899 estallase la guerra entre el gobierno de Aguinaldo y los Estados Unidos.

Aguinaldo dirigió las tropas filipinas contra las fuerzas de los ocupantes; y tras varias derrotas se retiró hacia el norte de Luzón.

El 23 de marzo de 1901 fue capturado en Palanan, provincia de Isabela, Emilio Aguinaldo cedió y firmó la rendición el 1 de abril de 1901.

La República de Filipinas fue proclamada el 12 de junio de 1898. Al iniciarse el conflicto hispano-norteamericano, los nacionalistas filipinos prestaron su ayuda a los Estados Unidos con la esperanza de conseguir la independencia del país tras la derrota española. Sin embargo, Estados Unidos, rehusó conceder la independencia a los nacionalistas y se entabló una sangrienta guerra.

La presente edición se basa en la de: Imprenta Nacional a cargo del Sr. Zacarías Fajardo, 1899.

Reseña verídica de la Revolución filipina

I. La revolución de 1896

España dominó las Islas Filipinas por más de Tres siglos y medio, durante los cuales, abusos de la frailocracia y de la Administración acabaron con la paciencia de los naturales, obligándoles en los días 26 al 31 de agosto de 1896, a sacudir tan pesado yugo, iniciando la revolución las provincias de Manila y Cavite.

En tan gloriosos días levantáronse Balintawak, Santa Mesa, Kalookan, Kawit, Noveleta y San Francisco de Malabon, proclamando la independencia de Filipinas, seguidos, a los cinco días, por todos los demás pueblos de la provincia de Cavite; sin que para ello existiera concierto previo para ejecutar el movimiento, atraídos sin duda alguna por el noble ejemplo de aquellos.

Por lo que toca a la provincia de Cavite, si bien se circularon órdenes de llamamiento por escrito firmadas por don Agustín Rieta, don Cándido Tirona, y por mí, tenientes de las tropas revolucionarias, sin embargo, no había seguridad de que fueran atendidas, ni recibidas siquiera; como en efecto, una de estas órdenes cayó en manos del español don Fernando Parga, gobernador político militar de la provincia, que dio cuenta al capitán general don Ramón Blanco y Erenas quién ordenó a seguida, combatir y atacar a los revolucionarios.

La Providencia que había señalado sin duda la hora de la emancipación filipina, protegió a los revolucionarios; pues solo así se explica que hombres armados de palos y gulok, sin disciplina ni organización, vencieran a fuerzas españolas de Ejército regular, en los rudos combates de Bakoor, Imus y Noveleta, hasta el extremo de arrebatarles numerosos fusiles; lo que obligó al general Blanco a suspender las operaciones y tratar de sofocar la revolución por la política de atracción, pretextando que no le gustaba «hacer carnicería en los filipinos».

El Gobierno de Madrid, no aprobando esta clase de política del general Blanco, envió al teniente general don Camilo Polavieja para relevarle del cargo, mandando al propio tiempo, tropas regulares de españoles peninsulares.

Polavieja con 16 mil hombres armados de Máuser y una batería de cañones, atacó a los revolucionarios, con energía; apenas reconquistó la mitad de la provincia de Cavite; y habiéndose enfermado, dimitió el cargo en abril de 1897.

Relevado don Camilo Polavieja por el capitán general don Fernando Primo de Rivera, éste anciano guerrero persiguió en persona a los revolucionarios con tanta firmeza como humanidad, logrando reconquistar toda la provincia de Cavite y arrojando a los rebeldes a las montañas.

Entonces senté mis reales en la abrupta y desconocida sierra de *Biak-na-bató*, donde establecí el Gobierno Republicano de Filipinas, a fines de mayo de 1897.

II. El tratado de paz de Biak-Na-Bató

Don Pedro Alejandro Paterno estuvo varias veces en *Biak-na-bató* a proponer la paz, que después de cinco meses y largas deliberaciones, quedó concertada y firmada en 14 de noviembre de dicho año 1897, bajo las bases siguientes:

1.ª Que era yo libre de vivir en el extranjero con los compañeros que quisieran seguirme, y habiendo fijado la residencia en Hong Kong, en cuyo punto debería hacerse la entrega de los 800.000 pesos de indemnización, en tres plazos: 400.000 a la recepción de todas las armas que había en *Biak-na-bató* 200.000 cuando llegaran a 800 las armas rendidas y los últimos 200.000 pesos al completarse a 1.000 el número total de las mismas y después de cantado el Te Deum en la Catedral de Manila, en acción de gracias. La segunda quincena de febrero se fijó como tiempo máximo para la entrega de las armas.

2.ª El dinero sería todo entregado a mi persona, entendiéndome con entera libertad con mis compañeros y demás revolucionarios.

3.ª Antes de evacuarse *Biak-na-bató* por los revolucionarios filipinos, el capitán general señor Primo de Rivera me enviaría dos generales del Ejército español, que permanecerán en rehenes hasta que yo y mis compañeros llegásemos a Hong Kong, y se recibiera el primer plazo de indemnización, o sean los 400.000 pesos.

4.ª También se convino suprimir las Corporaciones religiosas de las Islas y establecer la autonomía en el orden político y administrativo, aunque a petición del general Primo de Rivera, éstos extremos no se consignaron por escrito, alegando que era muy humillante hacerlo así para el Gobierno Español, cuyo cumplimiento por otra parte, garantizaba él con su honor de caballero y militar.

El general Primo de Rivera entregó el primer plazo de 400.000 pesos mientras aún permanecían los dos generales en rehenes.

Nosotros, los revolucionarios, cumplimos por nuestra parte con la entrega de armas, que pasaron de mil, como consta a todo el mundo por haberse publicado la noticia en los periódicos de Manila. Pero el citado capitán general dejó de cumplir los demás plazos, la supresión de frailes y las reformas convenidas, no obstante haberse cantado el Te Deum; lo que causó profunda tristeza a mí y a mis compañeros; tristeza que se convirtió en desesperación al recibirse la carta del teniente coronel don Miguel Primo de Rivera, sobrino de dicho general y su secretario particular, avisándome que mis compañeros y yo no podríamos ya volver a Manila.

¿Es justo éste proceder del representante del Gobierno de España? Contesten las conciencias honradas.

III. Negociaciones

No hube de permanecer con mis compañeros por mucho tiempo bajo el peso de tan crítica situación, porque en el mes de marzo del referido año 1898 se me presentó un judío a nombre del comandante del buque de guerra norteamericano *Petrell*, solicitando conferencia por encargo del almirante Dewey.

Celebráronse varias con el citado comandante en las noches del 16 de marzo al 6 de abril, quien solicitando de mí volviera a Filipinas para reanudar la guerra de la independencia contra los Españoles, ofrecióme la ayuda de los Estados Unidos, caso de declararse la guerra entre ésta nación y España.

Pregunté entonces al comandante del *Petrell* lo que Estados Unidos concedería a Filipinas, a lo que dicho comandante, contestó que *Estados Unidos era nación grande y rica, y no necesitaba Colonias.*

En su vista, manifesté al comandante la conveniencia de extender por escrito, lo convenido, a lo que contestó que así lo haría presente al almirante Dewey.

Estas conferencias quedaron interrumpidas por haber, el 5 de abril, recibido cartas de Isabelo Artacho y de su abogado, reclamándome 200.000 pesos de la indemnización, parte que le correspondía percibir como secretario del interior que había sido en el Gobierno Filipino de *Biak-na-bató*, amenazándome llevar ante los Tribunales de Hong Kong, si no me conformaba con sus exigencias.

Aunque de paso haré constar que Isabelo Artacho llegó a *Biak-na-bató* e ingresó en el campo de la revolución el 2 de septiembre de 1897, y fue nombrado secretario, a principios de noviembre, cuando la paz propuesta y trabajada por don

Pedro Alejandro Paterno, estaba casi concertada, como lo prueba el que en 14 de noviembre siguiente se firmara. Véase, pues, la injusta y desmedida ambición de Artacho al pretender la participación de 200.000 pesos por los pocos días de servicios que a la Revolución prestara.

Además se había convenido entre todos nosotros los revolucionarios, en *Biak-na-bató*, que, en el caso de no cumplir los españoles lo estipulado, el dinero procedente de la indemnización, no se repartiría, y se destinaría a comprar armas para reanudar la guerra.

Artacho, pues, obraba entonces como un espía, agente del general Primo de Rivera, toda vez que quería aniquilar la revolución, quitándola su más poderoso elemento, cual era, el dinero. Y así fue considerado el asunto por todos los Revolucionarios, acordándose en junta, saliera yo inmediatamente de Hong Kong, evitando la demanda de Artacho, a fin de que los demás tuvieran tiempo de conjurar éste nuevo peligro para nuestros sacrosantos ideales, consiguiéndolo así en efecto: Artacho convino en retirar su demanda por medio de una transacción.

En cumplimiento de dicho acuerdo, marchéme sigilosamente de Hong Kong, el día 7 de abril, embarcándome en el *Taisan*, y pasando por Saigón fui a parar con la mayor reserva a Singapur, llegando a este puerto en el *Eridan* el 21 de dicho mes, hospedándome en casa de un paisano nuestro. Tal fue la causa de la interrupción de las importantísimas conferencias con el almirante Dewey iniciadas por el comandante del *Petrell*.

Pero «el hombre propone y Dios dispone», refrán que en ésta ocasión se cumplió en todas sus partes; porque no obstante lo incógnito del viaje, a las cuatro de la tarde del día de mi llegada a Singapur, presentóse en la casa, donde me hospedaba, un inglés que, con mucho sigilo, dijo que el cónsul de Estados Unidos de aquel punto, mister Pratt, deseaba conferenciar con don Emilio Aguinaldo, a lo que se le contestó que en dicha casa no se conocía a ningún Aguinaldo; pues así se había convenido responder a todo el mundo.

Pero habiendo vuelto el inglés repetidas veces con la misma pretensión, accedí a la entrevista con mister Pratt, la cual, se verificó, con la mayor reserva de 9 a 12 de la noche del día 24 de abril de 1898, en un barrio apartado.

En la entrevista aludida manifestóme el cónsul Pratt, que no habiendo los españoles cumplido con lo pactado en *Biak-na-bató*, tenían los filipinos derecho a continuar de nuevo su interrumpida revolución, induciéndome a hacer de nuevo la guerra contra España, y asegurando que América daría mayores ventajas a los filipinos.

Pregunté entonces al cónsul qué ventajas concedería Estados Unidos a Filipinas, indicando al propio tiempo la conveniencia de hacer por escrito el convenio, a lo que el cónsul contestó que telegráficamente daría cuenta sobre el particular a mister Dewey, que era jefe de la expedición para Filipinas, y tenía amplias facultades del presidente MacKinley.

Al día siguiente, entre diez y doce de la mañana, se reanudó la conferencia, manifestando el cónsul mister Pratt que el almirante había contestado acerca de mis deseos *que Estados Unidos por lo menos reconocería la Independencia de Filipinas bajo protectorado naval y que no había necesidad de documentar éste convenio, porque las palabras del almirante y del cónsul americano eran sagradas y se cumplirían, no siendo semejantes a las de los Españoles, añadiendo por último, que el Gobierno de Norteamérica era un Gobierno muy honrado, muy justo y muy poderoso.*

Deseoso de aprovechar tan providencial ocasión para regresar a mi país y reanudar la santa empresa de la Independencia del pueblo filipino, presté entero crédito a las solemnes promesas del cónsul americano, y le contesté que podía desde luego contar con mi cooperación de levantar en masa al pueblo filipino, con tal de que llegara a Filipinas con armas ofreciendo hacer todo cuanto pudiera para rendir a los Españoles, capturando la plaza de Manila, en dos semanas de sitio, siempre que contara con una batería de doce cañones.

Replicó el cónsul que me ayudaría para hacer la expedición de armas que yo tenía proyectada en Hong Kong; pues telegrafiaría enseguida al almirante Dewey lo convenido, para que por su parte prestara su auxilio a la citada expedición.

El día 26 de abril se llevó a cabo la última conferencia en el Consulado americano, a donde fui invitado por mister Pratt, quien me notició que la guerra entre España y Estados Unidos estaba declarada, y por tanto, que era necesario me marchara a Hong Kong en el primer vapor, para reunirme con el almirante Dewey que se hallaba con su escuadra en «Mirs bay», puerto de China; también recomendóme mister Pratt le nombrase representante de Filipinas en América para recabar con prontitud el reconocimiento de la Independencia. Contesté que desde luego marcharía yo a Hong Kong a reunirme con el almirante, y que en cuanto se formara el Gobierno filipino le propondría para el cargo que deseaba, si bien lo consideraba insignificante recompensa a su ayuda; pues para el caso de tener la fortuna de conseguir la Independencia, le otorgaría un alto puesto en la Aduana, además de las ventajas mercantiles y la ayuda de gastos de guerra que el cónsul pedía para Estados Unidos; y que los filipinos estarían conformes en conceder a América en justa gratitud a su generosa cooperación.

Luego que hube tomado pasaje en el vapor Malacca volví a despedirme del cónsul Pratt, quien aseguró, que antes de entrar en el Puerto de Hong Kong me recibiría secretamente una lancha de la escuadra americana con el fin de evitar la publicidad, sigilo que también yo lo deseaba. Partí para Hong Kong en dicho vapor las cuatro de la tarde del mismo día 26.

A las dos menos cuarto de la madrugada del día 1.º de mayo fondeábamos en aquel puerto sin que saliera a encontrarnos ninguna lancha. A invitación del cónsul de esta colonia, mister Wildman dirigíme al consulado y de nueve a once de la noche del mismo día de mi llegada conferencié con él, diciéndome que el almirante Dewey se había marchado a Manila sin esperarme, por haber recibido orden perentoria de su Gobierno para atacar la escuadra española, dejando recado de que me mandaría sacar por medio de una cañonera. En aquella conferencia traté con el indicado cónsul acerca de la expedición de armas que tenía en proyecto y convenimos en que dicho cónsul y el filipino señor Teodoro Sandico quedaban encargados de la expedición, dejando en la misma noche en poder de dichos señores la cantidad de 50.000 pesos, en depósito.

Pudo adquirirse a seguida una lancha de vapor por 1.000 pesos, y se contrató la compra de 2.000 fusiles a razón de $ 8'50 uno, con 200.000 cartuchos a razón de $ 33'50 el millar.

Al cabo de una semana, el 7 de mayo, llegó de Manila el cañonero americano *Mac-Cullock*, trayendo la noticia de la victoria del almirante Dewey sobre la escuadra española, pero no traía orden de llevarme a Manila y a las nueve de la noche tuve con el mismo cónsul, a su invitación, una segunda conferencia.

El 15 del mismo mes volvió de nuevo el *Mac-Cullock* que trajo la orden de trasladarme a Manila con mis compañeros, habiendo sido inmediatamente notificado del embarque por el cónsul Wildman, y a las diez de la noche del día 16 en el Pantalan City Hall, de Hong Kong, acompañado del mismo, en unión del comandante de la cañonera y de mister Barrett, ex-secretario de la embajada americana del Reino de Siam, según propio decir del mismo, nos dirigimos en una lancha americana a un puerto de Chinese Kowloon, donde se hallaba aquel cañonero. Mister Barrett en el acto de la despedida, ofreció visitarme en Filipinas, cumpliendo más tarde su promesa en Cavite y Malolos.

Encargóme el cónsul Wildman que tan pronto llegase a Filipinas, estableciera el Gobierno filipino bajo forma Dictatorial, y que él procuraría, por todos los medios posibles enviar pronto la expedición de armas como así lo cumplió en efecto.

Partiendo el *Mac-Cullock* a las once de la mañana del 17 de mayo para Filipinas, fondeábamos entre doce y una de la tarde del 19, en aguas de Cavite; e inmediatamente la lancha del almirante con su ayudante y secretario particular vino a sacarme para el Olimpia, donde fui recibido con mi ayudante señor Leyva con honores de general por una sección de guardias marinas.

El almirante acogióme en su salón y después de los saludos de cortesía, preguntéle si eran ciertos todos los telegramas que había él dirigido al cónsul de Singapur, mister Pratt, relativos a mí; contestándome afirmativamente, y añadiendo que, Estados Unidos había venido a Filipinas para proteger a sus naturales y libertarles del yugo de España.

Dijo además que América era rica en terrenos y dinero, y que no necesitaba colonias, concluyendo por asegurarme no tuviera duda alguna sobre el reconocimiento de la Independencia Filipina, por parte de Estados Unidos. Y enseguida me preguntó, si podría levantar el pueblo contra los Españoles y hacer una rápida campaña.

Contestéle que los sucesos darían prueba de ello; pero mientras no llegara la expedición de armas encomendada al cónsul Wildman en uno de los puertos de China, nada podría hacer; pues sin armas cada victoria costaría muchas vidas de valientes y temerarios revolucionarios filipinos. El almirante, ofreció enviar un vapor para activar la referida expedición de armas aparte de las órdenes que tenía dadas al cónsul Wildman, poniendo inmediatamente a mi disposición todos los cañones que había en los buques de la escuadra española y sesenta y dos fusiles Máuser con muchas municiones, que estaban en el *Petrell* procedentes de la Isla del Corregidor.

Expreséle entonces mi profundo reconocimiento por la generosa ayuda que Estados Unidos dispensaba al pueblo filipino, así como mi admiración a las grandezas y bondad del pueblo americano. Le expuse también que antes de salir de Hong Kong, la colonia filipina había celebrado una junta en que se deliberó y discutió la posibilidad de que, después de vencer a los españoles, los Filipinos tuvieran una guerra con los americanos por negarse a reconocer nuestra Independencia, seguros de vencer por hallarnos cansados y pobres de municiones gastadas en la guerra contra los españoles; suplicándole dispensase mi franqueza.

El almirante contestó, que se alegraba de mi sinceridad; y creía que así, filipinos y americanos debíamos tratarnos como aliados y amigos, exponiendo con claridad todas las dudas para la más fácil inteligencia entre ambas partes, añadiendo que, según tenía manifestado, Estados Unidos reconocería la Independencia del pueblo filipino, garantida por la honrada palabra de los americanos, de mayor eficacia que los documentos que pueden quedar incumplidos, cuando se quiere faltar a ellos, como ocurrió con los pactos suscritos por los españoles, aconsejándome formara enseguida la bandera nacional filipina, ofreciendo en su virtud reconocerla y protegerla ante las demás Naciones, que estaban representadas por las diferentes escuadras que se hallaban en la bahía, si bien dijo, que debíamos conquistar el poder de los españoles, antes de hacer ondear dicha bandera, para que el acto fuera más honroso a la vista de todo el mundo, y sobre todo, de los Estados Unidos, y para que cuando pasaran los buques filipinos con su bandera nacional por delante de las escuadras extranjeras infundieran respeto y estimación.

De nuevo agradecí al almirante sus buenos consejos y generosos ofrecimientos, haciéndole presente que, si necesario fuera el sacrificio de mi propia vida para honrar al almirante cerca de Estados Unidos, pronto estaba dispuesto a sacrificarla.

Añadí que con tales condiciones podía asegurar que todo el pueblo filipino se uniría a la revolución para sacudir el yugo de España, no siendo de extrañar que algunos pocos estuvieran aún de su parte por falta de armas, o por conveniencias personales.

Así concluyó esta primera conferencia con el almirante Dewey, a quien anuncié, que residiría en la comandancia de Marina del Arsenal de Cavite.

IV. La Revolución de 1898

Volví al *Mac-Cullock* para ordenar la descarga del equipaje y *efectos de guerra* que traía, habiendo tenido ocasión de encontrar en aquellas aguas de Cavite a varios revolucionarios de Bataan, a quienes entregué dos pliegos que contenían órdenes de levantamiento para la citada provincia y la de Zambales.

Antes de fondear en el Arsenal, encontré también varias bancas llenas de revolucionarios de Kawit, mi pueblo natal, los cuales me manifestaron que hacía dos semanas esperaban mi llegada, anunciada por los mismos americanos. No poca alegría sentí al ver a mis paisanos y parientes, antiguos compañeros de la temeraria campaña del 96 al 97. Aproveché aquella primera ocasión, pisando apenas la Comandancia de Marina en el Arsenal a las cuatro de la tarde, para entregarles las demás órdenes de levantamiento.

Continué toda aquella noche con mis compañeros escribiendo más y más órdenes y circulares para el mismo fin; pues sin explicar cómo ni de qué manera, aglomerábanse despachos de todas partes, pidiendo noticia de mi llegada, a la vez que consignas para levantarse contra los españoles.

Dios, sin duda alguna, tenía señalado aquel momento para el derrumbamiento del imperio español en Filipinas, porque mi inesperada llegada no podía ser saludada ni sabida, con la rapidez y publicidad que aquellos hechos demuestran. Sesenta y dos voluntarios de San Roque y Caridad, armados de Remington y Máuser, organizados por los españoles, se presentaron al día siguiente, poniéndose incondicionalmente a mis órdenes. Al principio se alarmaron las fuerzas americanas por la llegada de dichos voluntarios y por precaución tomaron posiciones para defender la entrada del Arsenal;

mas, enterado yo del caso, bajé a ver a dichos voluntarios, trasmitiéndoles órdenes de guardar el puesto de Dalajican, al objeto de impedir la entrada de las tropas españolas, que, según recientes noticias, así lo intentaban.

Sabedores los americanos de lo ocurrido, se tranquilizaron, y dando la consigna correspondiente a toda la tropa americana, se ordenó al comandante del *Petrell* para que me fueran entregados los sesenta y dos fusiles y municiones ofrecidos por el almirante, como así, en efecto, se llevó a cabo; pues al poco tiempo, a eso de las diez del día, las lanchas del *Petrell* traían y desembarcaban en el dique del Arsenal el referido armamento, que fue enseguida distribuido a los presentados, que por millares acudían pidiendo un puesto en las filas de la revolución y un fusil para ir a las avanzadas.

En la noche de aquel día, 20 de mayo, se me presentó el antiguo jefe revolucionario, señor Luciano San Miguel, hoy general de brigada, a recibir órdenes, que le fueron dadas, para el levantamiento, de las provincias de Manila, Laguna, Batangas, Tayabas, Bulakan, Morong, Pampanga, Tarlak, Nueva Écija y otras del Norte de Luzón, saliendo aquella misma noche, el Señor San Miguel a ejecutarlas.

Los días 21, 22, 23 y demás del propio mes hubo un continuado desfile de revolucionarios presentados para tomar parte en el movimiento, de tal modo, que tuve necesidad de salir del Arsenal y pasar a otra casa del mismo Cavite, para dejar tranquilos a los marinos que guarnecían aquel establecimiento.

V. El gobierno dictatorial

El día 24 se estableció el Gobierno Dictatorial, circulándose la 1.ª proclama, que suscribí, como jefe del citado Gobierno. De este documento se entregaron ejemplares al almirante Dewey, y por su mediación, a los cónsules extranjeros residentes en Manila, no obstante la incomunicación en que nos hallábamos con dicha ciudad.

A los pocos días, se trasladó el Gobierno Dictatorial a la casa que fue Gobierno Civil de los españoles en Cavite, porque la aglomeración de personas que de todas partes acudían, hacía estrecha la primera que se tomó de un particular, y en esta fue donde recibí la grata noticia de la llegada de la expedición de armas, que fueron desembarcadas en el mismo dique del Arsenal a la vista del cañonero *Petrell* siendo 1.999 el número de rifles, y 200.000 el de municiones con otros armamentos particulares.

Inmediatamente envié una Comisión a dar gracias al almirante Dewey por la pronta llegada de la expedición, merced a sus gestiones, participándole a la vez, que se había fijado el día 31 del citado mes de mayo, para comenzar las operaciones. El almirante envió a su secretario para felicitarme, así como a mi Gobierno, por la animación y actividad que se notaban a favor de la campaña, manifestándome al propio tiempo, que entendía muy próximo el día fijado para empezar el levantamiento, y que debía transferirlo para otro más lejano en el que las tropas revolucionarias estuvieran mejor organizadas. Le contesté por dicho secretario, que podía estar tranquilo el señor almirante, porque estaba todo preparado, y los filipinos tenían muchas ansias de sacudir y librarse del yugo de los españoles, y esto suplía la disciplina, como lo justificaría el tiempo, agradeciendo, no obstante, sus buenos consejos.

Ordené enseguida la distribución a varias provincias, de las armas recibidas, destinando algunas para los revolucionarios de Káwit, que fueron introducidas en la noche del 27 de mayo, en el barrio Alapang.

VI. Los primeros triunfos

Al día siguiente (28 mayo 1898) y a la hora de entregarse las armas a los de Káwit en el citado barrio, presentóse una columna de más de 270 soldados españoles de Infantería marina, enviados por el general español señor Peña en persecución de dichas armas.

Allí fue donde se entabló el primer combate de la revolución filipina de 1898, que podemos llamar la continuación de la campaña de 1896 a 97, combate que duró desde las diez del día hasta las tres de la tarde, en que por falta de municiones se rindieron los españoles con todas sus armas a los revolucionarios filipinos, que entraron en Cavite con los prisioneros, cuya gloriosa ocasión aproveché para sacar a luz y hacer ondear la bandera nacional, que fue saludada por un inmenso gentío, con aclamaciones de delirante alegría y grandes vivas a Filipinas independiente y a la generosa nación de los Estados Unidos, habiendo presenciado el acto varios oficiales y marinos de la escuadra americana, que demostraron claramente sus simpatías por la causa de los filipinos, tomando parte en su natural júbilo.

Este glorioso triunfo fue el preludio de continuadas victorias; pues llegado el día 31 de mayo, fecha fijada para el alzamiento general, Filipinas entera se levantó como un solo hombre, a sacudir el poder de España.

El segundo triunfo se realizó en Binakayan, en el sitio llamado *Polvorín*, donde fue atacado por los revolucionarios, el destacamento español, compuesto de unos 250 hombres, rindiéndose a las pocas horas por falta de municiones.

De nuevo tomé ocasión de esta victoriosa jornada para hacer ondear nuestra bandera nacional en los altos del cuartel del *Polvorín*, que se halla a orillas del mar, a fin de que la santa enseña de nuestra libertad e Independencia, fuese vista y contemplada por todos los buques de guerra, que representando todas las naciones más grandes y civilizadas del mundo, se hallaban congregadas en la bahía, observando los acontecimientos providenciales que se verificaban en Filipinas, después de más de trescientos años de dominación española.

Apenas había transcurrido una hora cuando otra bandera nuestra se vio ondear en la torre de la iglesia de Bakoor, que también se halla a orillas del mar, señal de nuevo triunfo de las tropas revolucionarias contra las fuerzas españolas que guarnecían dicho pueblo, compuestas de unos 300 hombres, los cuales por igual falta de municiones se rindieron al ejército revolucionario.

Y así la revolución marchó de triunfo en triunfo, justificando el pueblo filipino su poder y su resolución de librarse de todo yugo extranjero, para vivir independiente, tal como yo le había afirmado al almirante Dewey, por lo que este señor y los jefes y oficiales americanos felicitaron calurosamente a mi y al ejército filipino por los innegables triunfos, comprobados por el gran número de prisioneros que llegaban de todas partes de Luzón a Cavite.

VII. La bandera filipina

El día 1.º de septiembre ordené que en todas las embarcaciones filipinas enarbolaran nuestro pabellón; hecho que se cumplió en primer término, por los marinos de nuestra pequeña flota, compuesta de unas ocho lanchas de vapor españolas y de otros cinco buques de mayor porte intitulados *Taaleño*, *Balayan*, *Taal*, *Bulusan*, y *Purísima Concepción*, donados al Gobierno filipino por sus respectivos dueños, los cuales fueron enseguida arreglados en nuestro Arsenal para el servicio de cañoneras, dotándoles de piezas de 9 y 8 centímetros, que se sacaron de los *buques de la escuadra española*.

¡Oh, qué hermosa y gallarda es nuestra bandera al aire desplegada desde los topes de nuestros buques, sobre las aguas propias de la bahía da Manila, alternando con las enseñas de otras grandes naciones, ante cuyos navíos iban y venían los nuestros con la reciente enseña de libertad e independencia! ¡Cuán respetada y admirada como nacida entre legítimos ecos triunfales del bisoño ejército filipino ante las rendidas fuerzas regulares del gobierno español!

El corazón se dilata de gozo; ¡el alma se enardece de orgullo; y el patriotismo se ve complacido en medio de tan grandiosa contemplación!

•••

A fines del mes de junio visité al almirante Dewey, quien después de cumplimentarme por los rápidos triunfos de la revolución filipina, me manifestó que los almirantes alemán y francés habíanle preguntado por qué consentía a los filipinos usar bandera no reconocida en sus embarcaciones, y que a semejante interpelación había él contestado que con su conocimiento y consentimiento usaban los filipinos dicha bandera; aparte de que por su valor y resolución en la guerra contra los españoles, merecían desde luego usar de dicho derecho.

Prorrumpí entonces en muestras de vivo agradecimiento ante tan valiosa y decidida protección del almirante, y ordené inmediatamente que la flota filipina llevara tropas a las demás provincias de Luzón e islas del Sur, para hacer la guerra contra los españoles que las guarnecían.

VIII. Expedición a Visayas

Hízose esta expedición con mucha suerte, regresando nuestros vapores sin novedad alguna después de dejar las tropas en los puntos convenidos. Pero el *Bulusan* que fue a Masbate para recoger la columna del coronel don Mariano Riego de Dios y trasladarla a Samar, fue visto por los cañoneros españoles *Elcano* y *Uranus*, atacándole el primero hasta el punto de hacerle zozobrar en aquellas aguas, no sin experimentar los vapores españoles, daños de alguna consideración, causados por nuestras tropas. La tripulación del *Bulusan* se salvó afortunadamente, ganando la playa a nado.

IX. El vapor Compañía de Filipinas

Al poco tiempo se presentó en Cavite el vapor español *Compañía de Filipinas*, apresado por los revolucionarios en aguas de Aparri. Inmediatamente fue artillado y despachado con tropas para Olongapó; pero hubo de darse orden a otro cañonero nuestro para que volviera a petición del almirante Dewey, a fin de resolver la reclamación del cónsul francés acerca de dicho vapor. Enterado el almirante de que el *Compañía de Filipinas* había sido apresado con bandera española, se abstuvo de entender en el asunto, remitiéndome la carta reclamación del cónsul francés, afirmando el almirante que él y sus fuerzas nada tenían que ver en el asunto.

Así concluyó este incidente, que demuestra con claridad el reconocimiento y la protección que dispensaba el almirante Dewey a la revolución filipina.

El «Filipinas», que así se llamó desde entonces el vapor en cuestión, siguió en viaje a Olongapó, y a su vuelta llevó la expedición de tropas para libertar del poder de España las provincias del valle de Gagayán y las islas Batanes. Este vapor que de nuevo cambió de nombre y que hoy se llama Luzón, se encuentra en el río grande de Cagayán, varado por haber sufrido avería, en su máquina.

En todas las expediciones, nuestros barcos antes de zarpar saludaban al Olimpia como buque insignia, cumpliendo así deberes de cortesía internacional, siendo contestados nuestros saludos con iguales demostraciones de amistad.

X. La proclamación de la independencia

El Gobierno Dictatorial dispuso la proclamación de la Independencia filipina en el pueblo de Káwit, para el 12 de junio. Al efecto envié una Comisión para dar conocimiento de ella al almirante, invitándole al propio tiempo para asistir al acto, que se verificó con toda solemnidad. El almirante mandó a su Secretario para excusar su asistencia, alegando que era día de correo.

A fines del mismo junio, el cañonero español *Leyte* huyó para Manila, de los ríos de Macabebe en donde estaba sitiado por fuerzas del general Torres, y llevaba parte de las tropas y voluntarios que mandaba el coronel filipino don Eugenio Blanco; pero habiendo sido visto por un crucero americano, se rindió voluntariamente. El almirante Dewey me entregó todos los prisioneros y todas las armas, menos el vapor, pero más tarde reclamó la devolución de los prisioneros, después de la Capitulación de Manila.

En 4 de julio llegó la primera expedición militar de Estados Unidos al mando del general Anderson, siendo alojados en el Arsenal de Cavite.

Poco antes de llegar esta expedición militar, y las que después vinieron con el general Merrit, el almirante Dewey, envió a su secretario, al Gobierno Dictatorial pidiéndome permiso para colocar las tropas americanas en Tambò y Maytubig, lugares de los pueblos de Parañaque y Pasay; a todo lo que el Gobierno Dictatorial accedió debido a las honradas promesas del almirante Dewey arriba consignadas.

En el mismo mes de julio, se presentó en Cavite el almirante acompañado del general Anderson, y después de los saludos de cortesía, me dijo:

—Ha visto usted confirmado todo cuanto le he dicho y prometido. Qué bonita es vuestra bandera. Tiene un triángulo y se parece a la de Cuba.

—¿Me dará usted una de recuerdo cuando yo regrese a América?

Le contesté que estaba convencido de su honrada palabra y de la ninguna necesidad de extender en documento sus convenios; y que en cuanto a la bandera, podía contar con ella aunque fuera en el momento.

Dewey continuó: Los documentos no se cumplen cuando no hay honor, como ocurrió con lo que usted pactó con los españoles que faltaron a lo escrito y firmado. Confíen ustedes en mi palabra, que yo respondo de que Estados Unidos reconocerá la Independencia del país. Pero les recomiendo guarden por ahora mucha reserva en todo cuanto hemos hablado y convenido. Y además, les suplico tengan paciencia, si nuestros soldados atropellan a algún filipino; pues como voluntarios carecen aún de disciplina.

Contesté al almirante que tendría presente todas sus recomendaciones de reserva, y que en cuanto a los abusos de los soldados, ya se habían dado las órdenes convenientes sobre el particular, haciendo al almirante igual advertencia con respecto a nuestros soldados.

XI. La comisión española

El almirante cambiando repentinamente el curso de la conversación, me preguntó: ¿porqué no se alzan los vecinos de Manila, como lo han hecho ya los de provincias? ¿Será verdad que aceptan la autonomía ofrecida por el general Agustín con Asamblea de Representantes? ¿Será cierto el aviso que he recibido, que ha salido de Manila una Comisión de filipinos para proponerles la aceptación de dicha autonomía, y reconocer a usted el empleo de general, así como a sus compañeros, el que disfrutan?

Le contesté que los de Manila no se alzan porque no tienen armas, y porque como comerciantes y propietarios que son, temen que de levantarse, los españoles se apoderen de sus riquezas, quemando y destruyendo lo demás, por lo que aparentan aceptar la autonomía por política de engaño.

Pero que yo confiaba en que todos los filipinos de Manila eran partidarios de la Independencia, como se comprobaría el día de la toma de Manila por nuestras tropas. Para entonces creo que los vecinos de Manila vitorearán con nosotros la Independencia de Filipinas, haciendo nuevas demostraciones de adhesión a nuestro Gobierno.

Díjele también que era cierto había venido una Comisión mixta a nombre del general Agustín y del arzobispo Nozaleda, la cual Comisión me había manifestado que venía obligada por los españoles, pero que hacía constar su adhesión a nuestra causa. Los individuos de la Comisión me expusieron que los españoles les habían recomendado dijeran que venían de *motu propio*, sin misión concreta ni excitación de los autoridades españolas, figurando ser fieles intérpretes de todos los vecinos de Manila, pero que aseguraran que con tal de que se aceptara la autonomía, el general Agustín y el arzobispo Nozaleda me reconocerían el empleo de general y los de mis compañeros, dándome un millón de pesos, las indemnizaciones no percibidas del pacto de *Biak-na-bató*, y un buen puesto con gran sueldo en la Asamblea de Representantes, promesas a las que los mismos comisionados no prestaban crédito aunque algunos opinaban, que debía recibirse el dinero para restarlo de la caja del Gobierno español y como procedente de la contribución de los filipinos. Los comisionados concluyeron por asegurarme que ellos se alzarían en Manila, si se les proporcionaban armas, y que lo mejor que podía yo hacer era atacar Manila por los lugares que señalaban como puntos débiles, defendidos por destacamentos españoles fáciles de copar.

Di las gracias a la Comisión por su sinceridad y franqueza, y les dije, que se retiren tranquilos, haciendo presente a los que les habían mandado que no habían sido recibidos por falta de credencial, y que, aunque las hubieran tenido según lo habían visto y oído de otros revolucionarios, don Emilio Aguinaldo no aceptaría sus proposiciones de autonomía, porque el pueblo filipino tenía la suficiente ilustración para gobernarse por sí mismo y estaba cansado de ser martirizado por los abusos del poder extranjero, por lo que, no desea más que su Independencia, y así los españoles podían prepararse para defender su Soberanía, porque el ejército filipino les atacaría duramente y con constancia hasta tomar Manila.

También encargué a los comisionados dijeran a Nozaleda, que abusaba mucho en el ejercicio de su elevado cargo, conducía contraria a los preceptos del Sumo Pontífice, que si no la enmendaba me vería, el día menos pensado, precisado a sacar a luz cosas que le llenarían de vergüenza, y que sabía que unido a Agustín habían comisionado a cuatro alemanes y cinco franceses que disfrazados me asesinarían bajo la equivocada esperanza, sin duda, de que muerto yo, el pueblo filipino se sometería tranquilamente a la Soberanía de España; error crasísimo, porque si hubiera sido asesinado, el pueblo filipino hubiera seguido con mayor calor la revolución, surgirían otros hombres como yo que vengaran mi muerte. Y por último, les recomendé a los comisionados que dijeran a los vecinos de Manila se ocuparan en sus industrias y comercios, pudiendo estar tranquilos con respecto al Gobierno nuestro, cuya norma de conducta era la rectitud y justicia, pues no teníamos frailes que corrompan aquellas virtudes cívicas, que el Gobierno filipino procura ostentar ante los ojos de todas las naciones. Que trabajaran, pues, en sus negocios y no pensasen en salir de Manila para este campo, donde había escasez de recursos, y porque ya habrá demasiada gente que servía al Gobierno y al ejército; si algo nos faltaba eran armas.

La Comisión me preguntó qué condiciones impondrían los Estados Unidos y qué ventajas darían al pueblo filipino, a lo que contesté que era difícil responder a la pregunta en vista del compromiso que tenía de callar los términos del convenio; concretándome a manifestarles se fijaran en los actos de Soberanía que ejercía nuestro Gobierno Dictatorial, especialmente en las aguas de la bahía.

Estas palabras hicieron mucha impresión en el almirante, hasta el extremo de interrumpir la traducción de mis palabras por el intérprete señor Leyva, y me interpeló diciendo: ¿Porqué ha revelado usted nuestro secreto? ¿Quiere decir que usted no cumple con mi consigna y el silencio ofrecido?

Le contesté que ninguna revelación había hecho del secreto referente a él y al cónsul. El almirante, dándome las gracias por mi reserva, se despidió en unión del general Anderson, no sin suplicarme suspendiera por entonces el ataque contra Manila, porque ellos estaban estudiando un plan; para tomar con sus fuerzas Intramuros, dejando la toma de los arrabales para las nuestras.

Encargóme, sin embargo, que estudiara por mi parte otro plan para combinarlo con el suyo, con todo lo cual me conformé.

XII. Nuevas tropas americanas

Al poco tiempo, llegaron tropas americanas y con ellas el general Merrit, presentándose al Gobierno Dictatorial el Secretario del almirante con dos jefes para pedir que se les concediera ocupar nuestras trincheras de Maytubig, desde la playa hasta el camino Real, donde se unirían en cordón con las tropas filipinas que ocupaban Pasay y Singalong; a lo que también accedí, debido a las solemnes promesas del repetido almirante y naturales esperanzas de ellas nacidas sobre el apoyo y reconocimiento de nuestra Independencia.

Diez días después de ocupado por las fuerzas americanas, Maytubig, sabedores de ello los españoles que estaban en frente fortificados en el polvorín de San Antonio Abad, durante la noche sorprendieron las avanzadas americanas que compuestas de pocos individuos no tuvieron más tiempo que para saltar de la cama y replegarse hacia su centro, abandonando sus fusiles y seis cañones.

Oído el tiroteo por nuestras tropas acudieron inmediatamente en auxilio de los amigos y aliados, haciendo huir a los españoles y recuperando los fusiles y cañones de su poder, cuyos armamentos ordené fueran devueltos a los americanos en ley de buena amistad.

El general Noriel se oponía a ésta devolución, alegando que dicho armamento ya no era de los americanos, cuando lo ocuparon las fuerzas filipinas del poder de los españoles, pero, desatendí esta razonada oposición de mi general, ordenando terminantemente la devolución de las armas a los americanos, demostrando con ello clara y evidentemente la sincera amistad de los filipinos. Dichos fusiles y cañones con abundantes municiones, fueron, pues, devueltos a los que entonces eran nuestros aliados, a pesar de que el general Noriel y sus fuerzas los habían conquistado a costa de la vida de muchos compañeros.

Poco después llegaron más refuerzos americanos y otra vez el almirante Dewey, por medio de su Secretario interesó más trincheras para su ejército, alegando que eran ya cortas las que antes les había dado, concediéndoseles entonces su continuación hasta cerca de Pasay.

XIII. El 13 de agosto

Llegó el día 13 de agosto en que noté un movimiento general de ataque contra Manila por parte de la escuadra americana y de las fuerzas de tierra que estaban al mando del general Anderson en Parañaque.

Seguidamente ordené a mis tropas, para que atacaran en todas las líneas, consiguiendo el general Pío del Pilar entrar por Sampalok y atacar a las tropas españolas que defendían el puente Colgante, las cuales se retiraron hacia el puente de España. La columna de nuestro general Gregorio H. del Pilar tomó los arrabales del Pretil, Tondo, Divisoria y Paseo de Azcárraga al Norte de Manila, y la del general Noriel, por la parte de Pasay, tomó los arrabales de Singalong y Pako, siguiendo detrás la columna americana y flanqueando las fuerzas españolas que defendían la línea de San Antonio Abad; lo que visto por los jefes españoles, ordenaron la retirada de sus tropas hacia Intramuros, con lo cual las fuerzas americanas que ocupaban las trincheras del frente, entraron, sin pegar un tiro, por los arrabales de Malate y Ermita; pero allí se encontraron con las tropas del general Noriel que se habían posesionado de los referidos arrabales y establecido sus cuarteles en el convento de Malate y Ermita, en los edificios que fueron de la Exposición regional de Filipinas, en la Escuela Normal y en la casa del señor Pérez, en Pako.

En Santa Ana, parte Este de Manila, logró copar el general Ricarte cinco columnas españolas, auxiliado por tropas del general Pío del Pilar.

XIV. Primeros nubarrones

Los nuestros veían desembarcar fuerzas americanas en las playas de la Luneta y paseo de Santa Lucía, llamando la atención de todos el que los soldados españoles que había en la muralla de la Ciudad no tiraran contra aquellas, misterio que al anochecer de este día, se explicó por la noticia de la capitulación de la plaza hecha por el general español, señor Jáudenes, al general americano, mister Merrit; capitulación que se reservaron los generales americanos, con infracción de lo convenido con el almirante Dewey, sobre formación de planes para atacar y tomar Manila, juntos y en combinación los dos ejércitos, americano y filipino.

Esta inexplicable conducta de los jefes americanos se hizo más evidente con los telegramas que el general Anderson en dicho día 13, me dirigió desde Maytubig, rogando que ordenara a nuestras tropas no entrasen en Manila, petición, que fue denegada, toda vez que era contraria a lo pactado y a los altos fines del Gobierno revolucionario, que al tomarse el inmenso trabajo de sitiar Manila durante dos meses y medio, sacrificando miles de vidas y millones de intereses materiales, no podía ser, seguramente, con otro objeto más que con el de capturar Manila y la guarnición española que defendía con firmeza y tenacidad la plaza.

Pero el general Merrit tenaz en su propósito, rogóme ya no por medio del almirante, si no por el del mayor Bell, retirase mis tropas de los arrabales, a fin de prevenir peligros y conflictos que son siempre de temer en una doble ocupación militar y evitar también en ello a las tropas americanas, el ridículo; ofreciendo en sus tres escritos, negociar, después de realizados sus deseos, a lo que accedí, pero no de pronto y de una sola vez, sino haciendo retirar gradualmente a nuestras tropas, hasta llegar a los blokhaus, con objeto de que todos los habitantes de Manila fueran testigos de nuestros hechos militares, y de tan consecuente conducta con nuestros aliados americanos.

Hasta entonces y hasta la fecha en que rompieron los americanos abiertamente las hostilidades contra nosotros, había abrigado en mi sima las más fundadas esperanzas de que los jefes americanos harían valer ante su Gobierno, los pactos celebrados verbalmente con el jefe de la Revolución filipina; no obstante las señales en contrario que se notaban en su conducta, sobre todo, en la del almirante Dewey que, sin motivo alguno, un día del mes de octubre se incautó, de todos nuestros buques y lanchas.

Enterado de tan extraño proceder, estando ya el Gobierno Revolucionario en Malolos, envió una Comisión al general Otis para tratar del asunto, quien remitió y recomendó al almirante a nuestros comisionados, los cuales no fueron recibidos por el almirante, no obstante la recomendación del general Otis.

A pesar de este proceder de los jefes americanos, tan contrario a todos los pactos y antecedentes arriba referidos, seguí observando con ellos, la misma conducta amistosa, enviando una Comisión que fue a despedirle al general Merrit, cuando su marcha para París; acto que al agradecerlo dicho general, tuvo la bondad de manifestar a nuestros comisionados, que defendería a los filipinos en los Estados Unidos: asimismo envié al almirante Dewey un puñal con su vaina, todo de plata, y un bastón de caña finísima con puño de oro labrado por el mejor platero filipino, recuerdos de afecto y antigua amistad, que el almirante aceptó, consolando de esta manera y en cierto modo mi alma afligida y la de todos los filipinos que formaban el Gobierno Revolucionario, haciendo de nuevo renacer en el corazón de todos, las halagüeñas esperanzas de un arreglo con el almirante Dewey.

XV. Esperanzas fallidas

Pero desvanecidas quedaron tales esperanzas, cuando se recibió la noticia de que mister Dewey había obrado y obraba así contra el Gobierno Revolucionario por orden del excelentísimo mister MacKinley, que sugestionado por el partido imperialista, había decidido anexionar las Filipinas, cediendo tal vez a la ambición de explotar las inmensas riquezas naturales que oculta nuestro virgen suelo.

Esta noticia cayó como un rayo en el campo de la revolución. Unos maldecían la hora y el día de haber tratado verbalmente con los americanos; otros, censuraban haber cedido los arrabales. Y los más, optaban por enviar una Comisión al general Otis para provocar declaraciones francas sobre la situación, formalizándose el tratado de amistad, si Estados Unidos reconocía nuestra Independencia, o se rompían en el acto las hostilidades, si se negaba a ello.

En tan grave situación a todos aconsejaba moderación y prudencia, pues aun esperaba en la justicia y rectitud del Congreso de los Estados Unidos que no aprobaría las tendencias del partido imperialista, y escucharía la voz del almirante Dewey, que, como alto representante de América en estas islas, concertó y pactó conmigo y el pueblo filipino, el reconocimiento de nuestra Independencia.

No de otra manera, con efecto, se debe pensar en tan grave asunto; pues si América confió en el almirante Dewey, el honor de sus armas en tan lejanas tierras, bien pudieron también los filipinos confiar en las honradas promesas de tan cumplido caballero como bravo marino, seguros de que el grande y noble pueblo americano no desautorizaría ni expondría al ridículo, al ilustre vencedor de la escuadra española.

Del mismo modo induce a hacer este juicio la circunstancia no menos evidente y notoria, de que los demás jefes americanos, que vinieron después de las sonadas victorias del almirante, los generales Merrit, Anderson y Otis proclamaron al pueblo filipino que América no venía a conquistar territorios si no a librar a sus habitantes de la opresión de la Soberanía española. Sería, por tanto, exponer también el honor de estos jefes al ridículo universal, si Estados Unidos desautorizando su oficial y pública conducta se anexionara las islas por conquista.

XVI. La comisión americana

Con tan prudentes como bien fundadas reflexiones, conseguí calmar los ánimos de mis compañeros revolucionarios, a tiempo que vino la noticia oficial de que el Gobierno de Washington, a moción del almirante Dewey había dispuesto la venida de una Comisión civil, que se entendería con los filipinos para llegar a un arreglo en el Gobierno definitivo de las islas.

La alegría y la satisfacción volvieron a renacer en el ánimo de todos los revolucionarios filipinos, y entonces dispuse el nombramiento de una Comisión que recibiera a los Comisionados americanos, al propio tiempo que daba orden estricta a todos, para que guardaran con los americanos la mejor armonía, tolerando y disimulando los abusos y atropellos de la soldadesca; pues no sería de buen efecto para la Comisión que se esperaba, el que nos hallase desavenidos con las fuerzas de su nación.

Pero los abusos de los americanos se hacían en muchos casos intolerables: en el mercado de Arroceros, a pretexto de un juego, mataron a una mujer y un niño, produciendo la indignación de toda la multitud que llenaba el lugar.

A mis ayudantes que tenían pases para entrar en Manila armados y de uniforme, se les molestaba con repetidas detenciones en todos los cuerpos de guardia donde transitaban, viéndose claramente la intención de provocarles con el ridículo público.

¡Y mientras estas molestias se hacían con los nuestros, los jefes y oficiales americanos que entraban en nuestro campo eran atendidos y agasajados!

En la calle de Lacoste, un vigilante americano mató de un tiro a un chiquillo de siete años, por haberle quitado a un chino, un plátano.

Los registros en las casas menudeaban como en tiempo de los españoles y las avanzadas de las fuerzas americanas invadían nuestras líneas, provocando a nuestros centinelas; en fin sería darle a este escrito una extensión desmedida si yo continuara relatando uno a uno los abusos y atropellos cometidos por la soldadesca americana en aquellas días de ansiedad general.

Parecían mandados o por lo menos oficialmente tolerados los abusos con intención evidente de provocarnos a la lucha. Los ánimos estaban muy excitados, pero el Gobierno Filipino, que había asumido la responsabilidad de los actos de su pueblo, con prudentes órdenes continuadamente repetidas procuraba conservar la paz, aconsejando a todos los atropellados, paciencia y cordura hasta la llegada de la Comisión civil.

XVII. Actos impolíticos

En tan apurada como crítica situación y antes de que llegara la ansiada Comisión civil americana, se le ocurre al general Otis, gobernador militar de las fuerzas americanas, llevar a efecto dos actos a cual más impolíticos. Uno, la orden de requisar las oficinas de nuestro telégrafo en la calle de Sagunto, en Tondo, embargando los aparatos y deteniendo al oficial señor Reyna en la fuerza de Santiago, bajo el pretexto de que conspiraba contra los americanos.

¿Cómo y por qué conspiraba el señor Reyna? ¿No hubiera bastado al Gobierno filipino haber dado la orden de atacar, para que nuestros ocho mil hombres hubieran entrado en lucha inmediata con las fuerzas de los Estados Unidos? ¿Se había de conspirar cuando se tenía el poder en las manos? ¿Y sobre todo, un telegrafista se había de meter en cosas de guerra, cuando existía un ejército que tenía aquel deber?

Se veía, pues, la intención de zaherir y de ridiculizar directamente al Gobierno filipino para provocar la lucha, siendo de notar que este acto, ya no era de la soldadesca, sino del mismo general Otis, a cuya política imperialista no convenía la llegada de la Comisión civil; y mucho menos, que encontrara a Filipinas en estado de paz, porque era evidente para dicho general como, para todo el mundo, que los filipinos se hubieran entendido y arreglado amistosamente con la citada Comisión, si hubiera ésta llegado y alcanzado el estado de paz.

Los filipinos hubiéramos recibido a dicha Comisión con muestras de verdadero cariño y completa adhesión como honrados agentes de la gran América. Los comisionados se hubieran paseado por todas nuestras provincias, viendo y observando directamente el orden y la tranquilidad, en todo nuestro territorio.

Hubieran visto los campos labrados y sembrados. Hubieran examinado nuestra Constitución y Administración pública, con perfecta tranquilidad, y habrían sentido y gozado ese inefable encanto de nuestro trato oriental, mezcla de abandono y de solicitud, de calor y de frialdad, de confianza y de suspicacia, que hace cambiar de mil colores, a cual más agradables, nuestras relaciones con los extranjeros.

¡Ah! pero ni al general Otis ni a los imperialistas, convenía este paisaje. Era mejor para su criminal intención el que los comisionados americanos encontraran las desolaciones de la guerra en Filipinas, sintiendo desde su llegada el fétido olor despedido por los cadáveres de americanos y filipinos confundidos. Era mejor a sus propósitos que el caballero mister Shurman, presidente de la Comisión, no pudiera salir de Manila, limitándose solo a oír a los pocos filipinos que, reducidos por las razones del oro, eran partidarios de los imperialistas. Era mejor que la Comisión contemplara el problema filipino, al través de los incendios, al silbar de las balas y al trasluz de todas las pasiones desencadenadas, para que no pudiera formar ningún juicio exacto ni cabal de los términos propios y naturales de dicho problema. ¡Ah! era mejor, en fin, que la Comisión se retirara vencida de no haber obtenido la paz y me inculpara, a mí y a los demás filipinos; cuando yo y todo el pueblo filipino anhelábamos que esa paz, se hubiera hecho ayer, antes que hoy, pero paz digna y honrosa para Estados Unidos y la República Filipina, a fin de que fuera sincera y perpetua.

El otro acto impolítico cometido por el general Otis, fue la publicación de la Proclama del 4 de enero, estableciendo a nombre del presidente mister MacKinley la Soberanía de

América en estas islas, con amenazas de ruina, muerte y desolación a todo el que no la reconociera.

Yo, Emilio Aguinaldo, humilde servidor de todos, pero presidente de la República Filipina, encargado, por tanto, de velar por las libertades y la Independencia del pueblo que me ha elegido para aquel elevado y espinoso cargo, desconfié por primera vez del honor de los americanos, comprendiendo desde luego, que ésta Proclama del general Otis había rebasado los límites de toda prudencia, y que no había más remedio que rechazar con las armas tan injusto como inesperado proceder del jefe de un ejército amigo.

Protesté, pues, contra dicha Proclama, amenazando también con romper inmediatamente las hostilidades; pues el pueblo entero clamaba, «traición», diciendo con fundamento, que la anunciada Comisión civil pedida por el almirante Dewey, era una farsa y que lo que había pretendido el general Otis era entretenernos para traer refuerzos y más refuerzos de los Estados Unidos, con objeto de aplastar de un solo golpe nuestro novel y mal armado ejército.

Pero el general Otis actuó por primera vez de diplomático, y me escribió, por conducto de su secretario mister Carman, una carta, invitando al Gobierno filipino a que enviara una Comisión para entenderse con otra de americanos, sobre un arreglo amistoso entre ambas partes; y aunque no confiaba en la sinceridad de los amistosos propósitos de dicho general, cuya decidida intención de impedir que la Comisión alcanzara el estado de paz, era ya probada, accedí, sin embargo a la citada invitación, tanto porque la vi oficialmente confirmada en orden de 9 de enero, dada por el indicado general, como para demostrar ante el mundo, mis evidentes deseos de conservar la paz y amistad con los Estados Unidos, solemnemente pactados con el almirante Dewey.

XVIII. La comisión mixta

Celebráronse en Manila las conferencias de la Comisión mixta de americanos y filipinos, desde el día 11 al 31 de dicho mes de enero. Los últimos manifestaron con claridad los deseos de nuestro pueblo de ser reconocidos como Nación independiente.

También expusieron con franqueza las quejas del pueblo filipino contra los abusos y atropellos de la soldadesca, siendo escuchados atenta y benévolamente por los comisionados americanos. Estos contestaron que ellos carecían de facultades para reconocer el Gobierno filipino, concretando su misión a la de oír, recoger las fórmulas de la voluntad de nuestro pueblo para transmitirlas fielmente al Gobierno de Washington, quien solamente podía decidir, en definitiva, del asunto, concluyendo así estas conferencias en la mejor armonía, augurando mejores y más definitivos días de paz para la fecha en que contestara mister MacKinley a los telegramas del general Otis, transcribiendo nuestros deseos con recomendaciones favorables según se dijo, por los comisionados americanos.

XIX. Ruptura de hostilidades

Y cuando yo, el Gobierno, el Congreso y el pueblo entero esperábamos tan deseada contestación, entregándose la mayor parte a las más halagüeñas impresiones, vino el fatal día 4 de febrero, en cuya noche las fuerzas americanas atacaron de repente todas nuestras líneas, que estaban por cierto casi abandonadas, porque como sábado, víspera de fiesta, nuestros generales y algunos jefes de los más caracterizados habían pedido licencia para retirarse al lado de sus respectivas familias.

El general don Pantaleón García fue el único que en tan crítico momento se encontraba en su puesto de Maypajo, Norte de Manila; pues los generales Noriel, Rizal y Ricarte y los coroneles San Miguel, Cailles y otros, estaban fuera, disfrutando de sus licencias.

El general Otis, según informes verídicos, telegrafió a Washington que los filipinos habían agredido al ejército americano. El presidente MacKinley leyó el telegrama ante el Senado, donde se debatió para su ratificación el Tratado de París de 10 de noviembre de 1898, en cuanto se refería a la anexión de las Filipinas, obteniendo por tan criminal medio, la aprobación total del referido Tratado, solamente por tres votos, los cuales se dieron con la protesta de hacerlo, en consideración al estado de guerra en estas islas.

Tan singular comedia no podía subsistir por mucho tiempo, porque los filipinos nunca podíamos ser los agresores de las fuerzas americanas, cuya amistad habíamos jurado, y en cuyo poder esperábamos hallar la protección necesaria para recabar de las otras potencias el reconocimiento oficial de nuestra Independencia.

La ofuscación de los primeros momentos fue grande, pero luego fue cediendo ante la luz de la verdad que arrojaban serenas y graves reflexiones.

Cuando las personas sensatas repasaron los hechos de mister MacKinley, enviando tropas y más tropas a Manila después de celebrado el armisticio y aún la paz con España; cuando reflexionaron que había ido retardando el envío de la Comisión civil para ajustar con los filipinos el tratado amistoso; cuando conocieron los antecedentes de mi alianza con el almirante Dewey, preparada y arreglada por los cónsules Pratt y Wildman de Singapur y de Hong Kong; cuando se enteraron del verdadero estado de las cosas en Filipinas el día 4 de febrero, sabiendo que los filipinos esperaban la contestación de mister MacKinley al telegrama del general Otis, transmitiendo los deseos pacíficos del pueblo filipino, de vivir como Nación independiente; cuando, en fin, se fijaron en los términos del tratado de París cuya aprobación en lo referente a la anexión de Filipinas, fue saludada con gritos de júbilo y satisfacción por el partido imperialista dirigido por mister MacKinley, entonces abrieron los ojos, a la referida luz de la verdad, percibiendo con claridad la política baja, egoísta y poco humanitaria, que mister MacKinley había seguido con nosotros los filipinos, sacrificando despiadadamente a sus inmoderadas ambiciones, el honor del almirante Dewey, exponiendo a este digno caballero e ilustre vencedor de la escuadra española, al ridículo universal, pues no otra deducción se puede hacer del hecho de que, a mediados del mes de mayo de 1898, el *Mac-Cullock*, vapor de guerra de los Estados Unidos, me trajera, con mis compañeros revolucionarios, de Hong Kong por orden del mencionado almirante, y esté hoy dedicado a bombardear los puertos y poblados de la misma revolución, cuyo lema es la libertad y la Independencia.

Los hechos relatados son recientes, y deben retenerse aún frescos sus recuerdos, en la memoria de todos.

Los que en mayo de 1898 admiraron el valor de los marinos del almirante Dewey, y los sentimientos humanitarios de este ilustre jefe, prestando apoyo visible a un pueblo oprimido para que fuera libre e independiente, no podrán seguramente cohonestar la presente inhumana guerra, con aquellos elevados y honrados sentimientos.

Pasaré por alto las crueldades con que desde el rompimiento de hostilidades trató el general Otis a los filipinos, fusilando sigilosamente a muchos que no quisieran firmar el escrito, pidiendo la autonomía; nada diré de los abusos de fuerza, que los soldados americanos cometieron contra inocentes e indefensos vecinos de Manila, fusilando a niños y mujeres por estar asomados a los balcones; allanando domicilios a medianoche; descerrajando arcas y aparadores, y llevándose dinero, alhajas y cuantos objetos de valor encontraban, rompiendo sillas, mesas y espejos que no se podían llevar, porque al fin y al cabo, son consecuencias de la guerra, aunque impropias de un ejército culto; pero lo que no pasaré por alto, es la inhumana conducta observada por dicho general con el ejército filipino, cuando para arreglar un tratado de paz con la Comisión civil presidida por mister Schurman, envié por tres veces mis mensajeros, pidiéndole suspensión de hostilidades.

El general Otis negó a mis enviados tan justa como prudente petición, contestando, que no suspendía hostilidades mientras el ejército filipino no depusiera las armas.

Pues qué, ¿no merecía este ejército ninguna consideración de parte del general Otis y de las fuerzas americanas? ¿Se habían olvidado ya de los importantes servicios que el ejército filipino prestó al americano, en la pasada guerra contra los españoles?

¿Se había olvidado ya el general Otis del favor que el ejército filipino le dispensara, cediéndole a él y a sus fuerzas, los arrabales y blockhaus que con tantos sacrificios se tomaron?

¿Por qué imponía el general Otis para la paz, condición tan humillante a un ejército que juntamente con el americano había derramado su sangre y cuya bravura y heroísmo fueron celebrados por el almirante Dewey y otros jefes americanos?

Esta inexplicable conducta del general Otis, evidentemente contraria a todas las leyes del Derecho internacional y del honor militar, es la prueba más elocuente de su decidida intención de inutilizar la pacificadora misión de mister Schurman.

¿Qué paz puede concertarse al estruendo de los cañones y al silbido de las balas?

¿Qué procedimiento ha seguido y sigue el general Brooks en Cuba? ¿No siguen hasta ahora armados los cubanos, sin embargo, de estarse tratando de la paz y del porvenir de aquella isla?

Y ¿somos por ventura menos dignos, que aquellos revolucionarios, de la libertad y de la Independencia?

¡Oh, amada Filipinas! inculpa a tus riquezas, a tu hermosura, la inmensa desgracia que pesa sobre tus fieles hijos.

¡Has despertado la ambición de los imperialistas y expansionistas del Norte de América, y unos y otros han echado sus afiladas garras sobre tus entrañas!

¡Madre amada, madre querida, estamos aquí para defender tu libertad e Independencia, hasta morir! ¡¡¡No queremos guerra; por el contrario, deseamos la paz, pero paz digna que no colore tus mejillas ni manche de vergüenza ni rubor tu frente; y te juramos y prometemos, que América con su poder y sus riquezas, podrá quizás aniquilarnos matando a todos; pero esclavizarnos, jamás!!!

No; no es ésta humillación el pacto que yo celebrara en Singapur con el cónsul americano mister Pratt. No era tal el convenio que yo estipulara con mister Wildman, cónsul de Hong Kong. No es, en fin, la sumisión de mi amada patria a nuevo yugo extranjero, lo que me prometiera el almirante Dewey.

¡Cierto es que los tres me han abandonado, olvidando que fui yo por ellos buscado y sacado de mi destierro y deportación, olvidando también, que ninguno de los tres había solicitado mis servicios en favor de la Soberanía americana, pagando los gastos de la revolución filipina, para la que, evidentemente, me han buscado y traído a tu amado seno!

Si hay, como creo, un Dios, raíz y fuente de toda justicia, y juez eterno y único de las contiendas internacionales, no tardará mucho, madre querida, en que seas salvada de las garras de tus injustos enemigos. Yo, así lo espero del honor del almirante Dewey. Yo así lo espero de la rectitud del gran pueblo de los Estados Unidos, donde si hay ambiciosos imperialistas, también existen honrados círculos defensores de las humanitarias doctrinas de los inmortales Monroe, Franklin y Washington, salvo que la raza de virtuosos ciudadanos, gloriosos fundadores de la actual grandeza de la República norteamericana, haya decrecido tanto, que su legítima y benéfica influencia esté supeditada por la poderosa ambición de los expansionistas; en cuyo desgraciado y último caso ¿no es más dulce morir que nacer esclava?

¡Oh sensato pueblo americano!

Honda es la admiración producida en todo el pueblo filipino y su novel ejército, por el valor de todos vuestros soldados y jefes. Débiles somos ante tan titánicos adalides de la ambiciosa política cesarista de vuestro actual Gobierno, para resistir a su valeroso empuje; escasos son nuestros elementos; pero continuaremos en esta lucha injusta, sangrienta y desigual, no por amor a la guerra, que la detestamos, sino por defender nuestros innegables derechos a la libertad e Independencia, tan caramente conquistados, y nuestro territorio amenazado por las ambiciones de un partido que trata de sojuzgarnos.

¡Sensible es la guerra! ¡horror nos causa sus estragos! ¡infelices filipinos perecen en el fragor de los combates, dejando madres, viudas e hijos! Podrá para Norteamérica pasar desapercibida las desgracias que ella nos acarrea; pero lo que no consentirá indudablemente el pueblo norteamericano, es que continúen sacrificándose sus hijos, llorando madres, viudas e hijas, por el solo capricho de sostener una guerra contraria a sus honrosas tradiciones proclamadas por Washington y Jefferson.

Volved, pues, pueblo norteamericano, por vuestras legendarias libertades; llevad la mano a vuestros corazones, y decidme: ¿Os sería agradable que en el curso de los sucesos, Norteamérica se encontrara en la triste situación de un pueblo débil y oprimido, y Filipinas nación libre y poderosa, en guerra con vuestros opresores, solicitara vuestro auxilio, prometiéndoos libertar de tan pesado yugo, y después de vencer a su enemiga con vuestra ayuda, os sojuzgara, negándoos esa libertad?

Pueblos civilizados, honrados habitantes de los Estados Unidos, a cuya elevada y recta consideración someto este mal pergeñado documento; ahí tenéis los hechos providenciales, que prepararon la injustamente combatida existencia de la actual República Filipina y de los que, aunque indigno, Dios me ha hecho el agente principal.

La veracidad de los mismos descansa en mi palabra de presidente de esta República, y en el honor de todo un pueblo de ocho millones de almas, que hace más de tres años lleva sacrificando vidas y haciendas de sus heroicos hijos por obtener el debido reconocimiento a sus naturales derechos de libertad e Independencia.

Y si me otorgareis el honor de recibir y de leer este escrito y juzgarais luego con imparcialidad, declarando solemnemente de qué lado están la justicia y el derecho, os quedará eternamente agradecido vuestro respetuoso servidor,

Libros a la carta

A la carta es un servicio especializado para
empresas,
librerías,
bibliotecas,
editoriales
y centros de enseñanza;
y permite confeccionar libros que, por su formato y concepción, sirven a los propósitos más específicos de estas instituciones.

Las empresas nos encargan ediciones personalizadas para marketing editorial o para regalos institucionales. Y los interesados solicitan, a título personal, ediciones antiguas, o no disponibles en el mercado; y las acompañan con notas y comentarios críticos.

Las ediciones tienen como apoyo un libro de estilo con todo tipo de referencias sobre los criterios de tratamiento tipográfico aplicados a nuestros libros que puede ser consultado en Linkgua-ediciones.com.

Linkgua edita por encargo diferentes versiones de una misma obra con distintos tratamientos ortotipográficos (actualizaciones de carácter divulgativo de un clásico, o versiones estrictamente fieles a la edición original de referencia).

Este servicio de ediciones a la carta le permitirá, si usted se dedica a la enseñanza, tener una forma de hacer pública su interpretación de un texto y, sobre una versión digitalizada «base», usted podrá introducir interpretaciones del texto fuente. Es un tópico que los profesores denuncien en clase los desmanes de una edición, o vayan comentando errores de interpretación de un texto y esta es una solución útil a esa necesidad del mundo académico.

Asimismo publicamos de manera sistemática, en un mismo catálogo, tesis doctorales y actas de congresos académicos, que son distribuidas a través de nuestra Web.

El servicio de «libros a la carta» funciona de dos formas.

1. Tenemos un fondo de libros digitalizados que usted puede personalizar en tiradas de al menos cinco ejemplares. Estas personalizaciones pueden ser de todo tipo: añadir notas de clase para uso de un grupo de estudiantes, introducir logos corporativos para uso con fines de marketing empresarial, etc. etc.

2. Buscamos libros descatalogados de otras editoriales y los reeditamos en tiradas cortas a petición de un cliente.

www.ingramcontent.com/pod-product-compliance
Lightning Source LLC
Chambersburg PA
CBHW020603030426
42337CB00013B/1197